Inge Walz

Echt stark: Freundschaftsbänder & mehr

frechverlag

Von Inge Walz sind im frechverlag weitere Bücher erschienen, z. B.:

TOPP 2139

TOPP 2173

Tip: Alle verwendeten Knoten werden auf dem beiliegenden Bogen Schritt für Schritt erklärt.

Fotos: frechverlag GmbH + Co. Druck KG, 70499 Stuttgart; Fotos: Birgitt Gutermuth

Auflage: 5. 4. 3. 2.
Jahr 2001 2000 1999
Letzte Zahlen maßgebend

frechverlag GmbH + Co. Druck KG, 70499 Stuttgart
ISBN 3-7724-2219-5 · Best.-Nr. 2219
Druck: frechverlag GmbH + Co. Druck KG, 70499 Stuttgart

Freundschaftsbänder sind echt stark!

Richtigen Fans reicht das jedoch nicht: ein Hair-Wrap, ein Stirnband, Ohrringe oder ein Schlüsselanhänger, möglichst passend zum Freundschaftsband, sind schon das mindeste!

Da Bello meistens der verläßlichste Freund von allen ist, erhält er als Zeichen der Freundschaft eine selbstgeknüpfte Leine.
Auch dazu gibt's ein Freundschaftsband - Partnerlook liegt schließlich voll im Trend.

Ob zu Hause oder beim Warten auf den Zug, den Bus oder den Arzt - Band & Co. lassen sich fast überall knüpfen. Zur Not reicht eine Sicherheitsnadel, die an der Jeans befestigt wird. So entstehen Kleinigkeiten, die einfach cool aussehen und sich auch als Geschenk oder Mitbringsel eignen. Da werden die anderen bestimmt staunen!

Die neuen Muster und Modelle wollen zum Experimentieren anregen. Natürlich können alle Vorschläge leicht abgewandelt werden. Einfach andere Farben, Garne oder Dekoteile verwenden - schon entsteht ein starkes Stück, das nicht jeder hat.

Viel Spaß beim Knüpfen, Flechten, Tragen und Verschenken!

Mit gelben Perlen

Hair-Wrap

- *Je 1 Baumwollfaden, 1,70 m lang, in Rot, Blau und Blaßgelb*
- *9 gelbe Haarperlen*
- *1 Spirale, 5 mm lang*

1. Alle drei Fäden zur Hälfte legen, so daß jetzt sechs Knüpffäden vorliegen, eine kleine Schlinge lassen und sämtliche Fäden durch die Spirale ziehen.

2. Aus zwei gelben Knüpffäden über vier Leitfäden 2 cm Wellenknoten knüpfen.

3. Mit einem roten Faden über fünf Leitfäden 2 cm Schlingenknoten fertigen.

4. Fünf Wellenknoten arbeiten (zwei blaue Knüpf- und vier Leitfäden), eine Haarperle aufziehen, fünf Wellenknoten, eine Haarperle und fünf Wellenknoten.

5. 5 cm flechten.

6. Fünf Wellenknoten arbeiten (zwei blaue Knüpf- und vier Leitfäden), eine Haarperle aufziehen, fünf Wellenknoten aus zwei roten Knüpffäden ausführen, eine Haarperle aufziehen und fünf Wellenknoten aus zwei roten Knüpffäden fertigen.

7. 5 cm flechten.

8. Fünf Wellenknoten aus zwei roten Knüpffäden arbeiten, eine Haarperle aufziehen, fünf Wellenknoten aus zwei gelben Knüpffäden, eine Haarperle und fünf Wellenknoten aus zwei gelben Knüpffäden.

9. 5 cm flechten.

10. Fünf gelbe Wellenknoten arbeiten, eine Haarperle aufziehen, fünf blaue Wellenknoten, eine Haarperle und fünf blaue Wellenknoten.

11. 5 cm flechten.

12. Fünf blaue Wellenknoten arbeiten und eine Haarperle aufziehen.

13. Aus den zwei gleichfarbigen Fäden jeweils ein 4 cm langes Kettknotenband fertigen und mit Überhandknoten abschließen.

Stirnband

- *Je 4 Baumwollfäden, 1,50 m lang, in Rot, Blau und Blaßgelb*
- *6 gelbe Haarperlen*

1. Alle Fäden nach ca. 25 cm mit einem Überhandknoten zusammenfassen.

2. Ein ca. 60 cm langes Band aus dreimal vier farbgleichen Fäden flechten. Dabei ist es sehr wichtig, daß die einzelnen Fäden sauber nebeneinanderliegen und nicht überkreuzt werden.

3. Einen Strang aus je zwei blauen, gelben und roten Fäden flechten, eine Haarperle aufziehen und mit einem Überhandknoten fixieren. Zwei weitere Stränge aus je einem gelben, roten und blauen Faden flechten, mit Haarperlen und Überhandknoten abschließen.

4. Den Überhandknoten von Punkt 1 lösen und Punkt 3 wiederholen.

Tip:
Das Stirnband kann auch als Gürtel getragen werden.

Ohrringe

- *2 Ohrringbügel*
- *2 Spiralen, 5 mm lang*
- *Je 2 Baumwollfäden, 0,60 m lang, in Rot, Blau und Blaßgelb*
- *2 rote Holzperlen, 12 mm lang*
- *Alleskleber*

1. Einen Faden in jeder Farbe so durch einen Ohrringbügel und eine Spirale ziehen, daß alle sechs Fadenenden gleich lang sind.

2. Aus zwei gelben Knüpffäden über vier Leitfäden einen Weberknoten knüpfen.
Mit je einem gelben, roten und blauen Faden zwei 1,5 cm lange Stränge flechten. Die Perle waagrecht legen und die Fäden des linken Stranges nach rechts und die Fäden des rechten Stranges nach links durch die Perle ziehen. Die Fadenenden am besten mit Klebstoff einstreichen, damit sie steif werden, dann lassen sie sich leichter durchziehen.
Nun werden nochmals zwei je 1,5 cm lange Stränge geflochten, zusammengefaßt und mit einem gelben Faden umwickelt. Die Fadenenden nach 0,5 cm abschneiden.

3. Den zweiten Ohrring ebenso arbeiten.

Schlüsselanhänger

- *1 Schlüsselring*
- *Je 2 Baumwollfäden, 0,70 m lang, in Rot, Blau und Blaßgelb*
- *2 rote Holzperlen, 12 mm lang*

1. Alle sechs Fäden durch den Schlüsselring ziehen. Mit einem Weberknoten aus zwei gelben Knüpffäden über zehn Leitfäden alle Fäden zusammenhalten.

2. Aus zwei gelben, zwei roten und zwei blauen Fäden jeweils einen 3,5 cm langen Strang flechten. Nun eine Perle aufziehen (siehe Ohrringe, Punkt 2), 1 cm flechten, eine weitere Perle aufziehen. Auf jeder Seite einen Überhandknoten fertigen und weitere 3,5 cm flechten. Jeden Strang mit einem Überhandknoten beenden.

Freundschaftsband

- *Je 3 Baumwollfäden, 0,80 m lang, in Rot, Blau und Blaßgelb*
- *4 gelbe Haarperlen*

1. Aus zwei roten Knüpffäden über sieben Leitfäden vier Weberknoten knüpfen, dabei alle Fadenenden ca. 20 cm auf einer Seite hängen lassen.

2. Aus je drei gleichfarbigen kurzen Fäden ein 10 cm langes Band flechten. Jeweils mit einem Überhandknoten abschließen.

3. Nun wird mit den langen Fadenenden weitergeknüpft. Aus zwei blauen Knüpffäden über sieben Leitfäden fünf Wellenknoten ausführen. 2,5 cm flechten, fünf blaue Wellenknoten arbeiten, alle Fäden durch eine Haarperle ziehen und wieder fünf blaue Wellenknoten knüpfen.

4. Aus zwei gelben Knüpffäden über sieben Leitfäden zehn Wellenknoten arbeiten, danach fünf blaue Wellenknoten fertigen. Alle Fäden durch eine Haarperle ziehen. Fünf blaue Wellenknoten knüpfen.

5. 4 cm flechten. Das Muster von Punkt 4 und 3 gegengleich arbeiten. Dann Punkt 1 und 2 wiederholen.

Für den besten Freund

Hundeleine (2,40 m lang)

- *1 Karabinerhaken*
- *3 Fäden geflochtene Baumwollkordel (ø ca. 3 bis 4 mm)*

1. Alle Fäden am Ring des Karabiners einhängen und aus zwei Knüpffäden über vier Leitfäden fünf Weberknoten fertigen.

2. Zehn Wellenknoten aus zwei Knüpffäden über vier Leitfäden arbeiten.

3. Abwechseln zwischen Weber- und Wellenknoten, bis eine Länge von 2 m erreicht ist. Die Fäden immer wieder austauschen, d. h. kurze Fäden in die Mitte legen und mit den langen Fäden weiterarbeiten. Fäden 5 cm spannen, danach zehn Wellen-, fünf Weber-, zehn Wellen-, zwanzig Weber-, zehn Wellen-, fünf Weber- und zehn Wellenknoten fertigen. Das Band zu einer Schlinge legen und über die gespannten Fäden mit zwei Knüpffäden über zehn Leitfäden fünf Weberknoten ausführen, dabei die Fäden fest anziehen. Nun zwei Bänder aus je drei Weberknoten (zwei Knüpffäden und je ein Leitfaden) arbeiten und mit Überhandknoten sichern.

Vierfarbig

Hair-Wrap

- *Je 1 Faden Perlgarn, 2 m lang, in Gelb, Orange, Blau und Grün*

1. Den gelben und den orangefarbenen Faden zur Hälfte legen, so daß jetzt vier Knüpffäden vorliegen. Eine kleine Schlinge bilden und den blauen und den grünen Faden mit einem Weberknoten anknüpfen.

2. Aus zwei blauen Knüpffäden über sechs Leitfäden 2 cm Wellenknoten ausführen.

3. Mit den beiden rechten gelben Fäden als Knüpffäden über zwei Leitfäden sechs Weberknoten knüpfen. Daneben mit den beiden orangefarbenen Knüpffäden über zwei Leitfäden ebenfalls sechs Weberknoten fertigen.

4. 2 cm Wellenknoten wie unter Punkt 2 arbeiten.

5. Punkt 3 wiederholen, jedoch wird hier der gelbe Strang links und der orangefarbene Strang rechts geknüpft.

6. Punkt 2 bis 5 dreimal wiederholen, abwechselnd grüne bzw. blaue Knüpffäden für die Wellenknoten verwenden.

7. Punkt 2 und 3 einmal wiederholen. 1 cm Wellenknoten aus blauen Knüpffäden arbeiten.

8. Als Abschluß dienen Kettknotenstränge: aus je zwei farbgleichen Fäden 3 cm bzw. 5 cm lang, jeden Strang mit einem Überhandknoten abschließen.

Freundschaftsband

- *Je 2 Fäden Perlgarn, 1 m lang, in Gelb, Orange, Blau und Grün*

1. Je zwei farbgleiche Fäden mit einem Überhandknoten versehen und 5 cm Kettknoten knüpfen.

2. Die Wellen- und die Weberknotenabschnitte werden wie beim Hair-Wrap ausgeführt, jedoch sind die Wellenknotenabschnitte kürzer (ca. 1,5 cm). Das Muster wird, wie auf dem Foto ersichtlich, wiederholt.

3. Abschluß mit Kettknotensträngen und Überhandknoten.

Ohrringe

- *2 Ohrringbügel*
- *2 Spiralen, 5 mm lang*
- *Je 2 Fäden Perlgarn, 0,50 m lang, in Gelb, Orange, Blau und Grün*

1. Von jeder Farbe einen Faden so durch einen Ohrringbügel und eine Spirale ziehen, daß alle acht Fadenenden gleich lang sind.

2. Aus zwei blauen Knüpffäden über sechs Leitfäden acht Wellenknoten ausführen.

3. Wie Punkt 3 des Hair-Wraps arbeiten. Danach zehn Wellenknoten mit den blauen Knüpffäden fertigen.

4. Aus je zwei farbgleichen Fäden ca. 1,5 cm Kettknoten knüpfen und die Fadenenden mit Überhandknoten versehen.

5. Den zweiten Ohrring ebenso arbeiten.

Schlüsselanhänger

- *1 Schlüsselring*
- *1 Spirale, 5 mm lang*
- *Je 1 Faden Perlgarn, 0,70 m lang, in Gelb, Orange, Blau und Grün*

Das Muster entspricht den Ohrringen, jedoch wird mit zehn grünen Wellenknoten begonnen. Das Weberknotenmuster wird wiederholt, danach werden sieben blaue, fünf gelbe und sieben blaue Wellenknoten geknüpft. Abschluß wie bei den Ohrringen (ca. 2 cm Kettknoten).

Blau-Gelb-Rot

Freundschaftsband

- *Je 4 Fäden Perlgarn, 0,80 m lang, in Blau, Gelb und Rot*
- *4 blaue Haarperlen*

1. Je vier farbgleiche Fäden mit einem Überhandknoten versehen und 5 cm Rundkordel flechten.

2. Aus zwei roten Knüpffäden über zehn Leitfäden zehn Wellenknoten ausführen. Fäden austauschen und zehn gelbe Wellenknoten knüpfen. Eine Haarperle aufziehen.

3. Zwei nebeneinanderliegende, ca. 3 cm lange Stränge aus je zwei gelben, roten und blauen Fäden flechten. Eine Haarperle aufziehen.

4. Drei gelbe Weberknoten fertigen. Zwei nebeneinanderliegende Wellenknotenstränge arbeiten, dabei dienen jeweils die blauen Fäden als Knüpffäden (über je vier Leitfäden). Drei gelbe Weberknoten knüpfen. Eine Haarperle aufziehen.

5. Punkt 3, 2 und 1 wiederholen. Bei Punkt 2 zuerst gelbe, dann rote Wellenknoten arbeiten.

Hair-Wrap

- *Je 1 Faden Perlgarn, 2 m lang, in Blau, Gelb und Rot*
- *3 blaue Haarperlen*
- *3 gelbe Haarperlen*

1. Den blauen und den roten Faden zur Hälfte legen, so daß jetzt vier Knüpffäden vorliegen. Eine kleine Schlinge lassen und mit dem gelben Faden über die vier Leitfäden vier Weberknoten knüpfen.

2. Mit den beiden blauen Knüpffäden über vier Leitfäden zehn Wellenknoten fertigen.

3. Aus zwei roten Knüpffäden über vier Leitfäden wieder vier Weberknoten ausführen.

4. Über alle Fäden eine blaue Perle ziehen.

5. 5 cm flechten, dabei jeweils zwei farbgleiche Fäden (ohne überkreuzen!) verwenden, so daß der geflochtene Abschnitt schön gleichmäßig breit aussieht.

6. Punkt 3 und 2 einmal wiederholen.

7. Eine gelbe Haarperle über alle Fäden ziehen, aus zwei blauen Knüpffäden 2 cm Wellenknoten fertigen, wieder eine gelbe Haarperle aufziehen und weitere zehn Wellenknoten ausführen.

8. Fünf Weberknoten aus gelben Knüpffäden arbeiten. 6 cm flechten. Eine blaue Haarperle aufziehen.

9. Fünf Weberknoten mit roten Knüpffäden arbeiten, es folgen fünfzehn Wellenknoten mit gelben Knüpffäden. 7 cm flechten.

10. Fünfzehn Wellenknoten aus roten Knüpffäden, zwei Weberknoten aus blauen Knüpffäden und fünfzehn Wellenknoten aus gelben Knüpffäden fertigen.

11. Eine blaue und eine gelbe Haarperle aufziehen und mit einem doppelten Überhandknoten sichern. Fäden nach ca. 1 cm abschneiden.

Ohrringe

- 2 Ohrringbügel
- 2 Spiralen, 5 mm lang
- Je 2 Fäden Perlgarn, 0,60 m lang in Blau, Gelb und Rot
- 2 längliche blaue Perlen, 12 mm lang
- 6 kleine gelbe Perlen

(Fortsetzung Seite 12)

1. Von jeder Farbe einen Faden so durch einen Ohrringbügel und eine Spirale ziehen, daß alle sechs Fadenenden gleich lang sind.

2. Aus zwei gelben Knüpffäden über vier Leitfäden sechs Wellenknoten knüpfen.

3. 2 cm flechten.

4. Einen Wellenknoten aus zwei Knüpffäden und vier Leitfäden arbeiten.

5. Die beiden mittleren roten Fäden durch die blaue Holzperle ziehen und beidseitig je einen Strang aus sechs Schlingenknoten gegenseitig ausführen (gelbe Fäden = Knüpffäden, blaue Fäden = Leitfäden).

6. Mit einem gelben Weberknoten das Muster schließen. Aus zwei roten Knüpffäden sieben Wellenknoten fertigen.

7. Aus je zwei farbgleichen Fäden ca. 1 cm Kettknoten ausführen, auf jeden Strang eine kleine Perle aufziehen und mit Überhandknoten sichern.

8. Den zweiten Ohrring genauso arbeiten.

Schlüsselanhänger

- *1 Schlüsselring*
- *Je 1 Faden Perlgarn, 0,60 m lang, in Blau, Gelb und Rot*
- *2 längliche blaue Perlen*
- *3 kleine gelbe Perlen*
- *3 kleine rote Scheiben*

1. Alle drei Fäden so durch den Schlüsselring ziehen, daß alle sechs Fadenenden gleich lang sind.

2. Punkt 2 bis 4 der Ohrringe ausführen, dabei jedoch 3 cm flechten.

3. Die beiden mittleren roten Fäden durch die blaue Holzperle ziehen und beidseitig je einen Strang aus zehn Kettknoten mit den gelben und blauen Fäden ausführen. Das Muster mit einem blauen Weberknoten schließen.

4. Punkt 3 wiederholen.

5. Aus zwei roten Knüpffäden sieben Wellenknoten arbeiten.

6. Aus je zwei farbgleichen Fäden Kettknoten in unterschiedlicher Länge knüpfen. Jedes Band mit einer gelben Perle sowie einer roten Scheibe versehen und mit Überhandknoten sichern.

Im Partnerlook

Freundschaftsband

- *Je 2 Fäden Perlgarn, 1 m lang, in Weiß und Lila oder in Hell- und Dunkelbraun*
- *8 bis 9 lila bzw. braune Holzperlen (ø 4 mm)*

1. Mit allen vier Fäden einen Überhandknoten arbeiten. Aus je zwei hellen und zwei dunklen Fäden acht bis zehn Kettknoten ausführen. Fäden teilen und zwei etwa 1,5 cm bis 2 cm lange Kettknotenstränge aus je einem hellen und einem dunklen Faden knüpfen.

2. Nun liegen jeweils die dunklen Fäden am Rand und die hellen Fäden in der Mitte. Über den linken dunklen Faden als Leitfaden werden zwei helle und ein

dunkler Rippenknoten schräg nach außen gearbeitet. Die zweite bis vierte Reihe jeweils dicht darunter setzen und immer von links nach rechts je drei Rippenknoten ausführen. Die beiden mittleren, hellen Fäden durch eine Holzperle ziehen.

3. Das Muster acht - bis neunmal wiederholen, jedoch bei der letzten Wiederholung keine Perle aufziehen.

4. Punkt 1 gegengleich wiederholen.

Mit schwarzen Holzoliven

Freundschaftsband

- *Je 3 Fäden Perlgarn, 1 m lang, in Gelb, Rot und Grün*
- *3 schwarze Holzoliven, 12 mm lang, oder Büffelhornröhrchen*

1. Alle Fäden nach ca. 15 cm mit einem Überhandknoten zusammenfassen.

2. Aus zwei gelben Knüpffäden über sieben Leitfäden zehn Wellenknoten fertigen.

3. Aus zwei grünen Knüpffäden über sieben Leitfäden fünf Weberknoten knüpfen.

4. Aus zwei gelben und zwei roten Knüpffäden über fünf Leitfäden einen Weberknoten arbeiten. Die drei mittleren grünen Fäden durch eine Olive ziehen und beidseitig aus je drei gleichfarbigen Fäden (zwei Knüpffäden und ein Leitfaden) sechs Weberknoten fertigen. Mit einem Weberknoten aus zweimal zwei Knüpffäden und fünf Leitfäden abschließen.

5. Punkt 3 wiederholen.

6. Zwei nebeneinanderliegende Wellenknotenstränge, je 2 cm lang, aus a) zwei gelben Knüpffäden sowie einem gelben und zwei grünen Leitfäden bzw. b) aus zwei roten Knüpffäden sowie einem roten und einem grünen Leitfaden. Achten Sie darauf, daß sämtliche gelben Weber- und Wellenknotenstränge stets auf der linken und alle roten auf der rechten Seite liegen.

7. Punkt 4, 6, 3, 4, 3 und 2 je einmal wiederholen.

8. Den Überhandknoten von Punkt 1 lösen.

9. Auf jeder Seite pro Farbe ein 7 cm langes Band flechten. Aus diesen drei Strängen wiederum ein Band flechten und mit einem Überhandknoten abschließen.

Schlüsselanhänger

- *1 Schlüsselring*
- *Je 1 Faden Perlgarn, 0,70 m lang, in Gelb und Rot*
- *2 Fäden Perlgarn, 0,70 m lang, in Grün*
- *1 schwarze Holzolive, 12 mm lang*

1. Alle Fäden so durch den Schlüsselring ziehen, daß alle acht Fadenenden gleich lang sind.

2. Punkt 3, 6 und 4 des Freundschaftsbandes arbeiten. **Achtung:** Es ist ein Leitfaden weniger als beim Freundschaftsband!

3. Aus je zwei farbgleichen Fäden drei bis sieben Kettknoten knüpfen, mit Überhandknoten abschließen.

Ohrring

- *1 Ohrringbügel*
- *1 Spirale, 5 mm lang*
- *Je 1 Faden Perlgarn, 0,60 m lang, in Gelb und Rot*
- *2 Fäden Perlgarn, 0,60 m lang, in Grün*
- *1 schwarze Holzolive, 12 mm lang*
- *4 schwarze Perlen (ø 5 mm)*

1. Sämtliche Fäden so durch den Ohrringbügel und die Spirale ziehen, daß alle Fadenenden gleich lang sind.

2. Aus zwei grünen Knüpffäden und sechs Leitfäden zehn Wellenknoten ausführen.

3. Punkt 4 des Freundschaftsbandes arbeiten. Achtung: Es ist ein Leitfaden weniger als beim Freundschaftsband!

4. Aus je zwei farbgleichen Fäden 2 cm Kettknoten knüpfen, eine Perle aufziehen und mit einem Überhandknoten fixieren.

Blau-Weiß-Rot

Sehr einfach!

Freundschaftsband

- *Je 3 Fäden Perlgarn, 0,80 m lang, in Blau, Weiß und Rot*

1. Alle Fäden parallel nebeneinanderlegen und nach 1 cm mit einem Überhandknoten zusammenfassen.

2. 8 cm flechten.

3. Mit zwei weißen Knüpffäden über die restlichen sieben Leitfäden fünfzehn Wellenknoten fertigen. Danach mit zwei roten Knüpffäden fünfzehn Wellenknoten knüpfen und anschließend mit zwei blauen Knüpffäden fünfzehn Wellenknoten fertigen.

4. Punkt 3 zweimal wiederholen.

5. Punkt 2 und 1 wiederholen.

Schlüsselanhänger

- *1 Schlüsselring*
- *3 Spiralen, 5 mm lang*
- *Je 3 Fäden Perlgarn, 0,60 m lang, in Blau, Weiß und Rot*
- *3 helle Holzkugeln (ø ca. 12 mm)*
- *3 helle Holzoliven, 7 mm lang*
- *Alleskleber*

Anstelle der Spiralen kann auch ein Weberknoten geknüpft werden. Die Spiralen dienen nur zum Zusammenhalt der Fäden.

1. Je einen roten, blauen und weißen Faden zur Hälfte durch den Schlüsselring ziehen, alle sechs Fadenenden durch eine Spirale führen (oder aus zwei Knüpffäden und vier Leitfäden einen Weberknoten fertigen).

2. Punkt 3 des Freundschaftsbandes einmal ausführen (Farbfolge nach Wunsch, z. B. Blau – Weiß – Rot).

3. Alle sechs Fäden durch eine Holzkugel ziehen. Direkt nach der Kugel die Fäden mit Klebstoff bestreichen, die Holzolive aufziehen und die Fadenenden direkt nach der Olive abschneiden.

4. Die beiden anderen Bänder werden genauso gearbeitet, jedoch werden beim mittleren Band pro Farbe nur zehn und beim äußeren pro Farbe nur sieben Wellenknoten geknüpft.

Ohrringe

- *2 Ohrringbügel*
- *2 Spiralen, 5 mm lang*
- *Je 2 Fäden Perlgarn, 0,60 m lang, in Blau, Weiß und Rot*
- *2 helle Holzkugeln (ø ca. 12 mm)*
- *2 helle Holzscheiben (ø ca. 10 mm)*

Die Ohrringe werden wie der Schlüsselanhänger gearbeitet. Sie können je nach Wunsch fünfzehn, zehn oder sieben Wellenknoten knüpfen.

Gelb-Weiß

Stirnband

- *Je 4 Fäden Perlgarn, 1,20 m lang, in Gelb und Weiß*
- *4 rote Holzperlen (ø 8 mm)*

1. Alle Fäden parallel nebeneinanderlegen und nach ca. 15 cm einen Wellenknoten aus zwei Knüpffäden und sechs Leitfäden knüpfen.

2. Je nach Kopfumfang ca. 50 cm Rundkordel arbeiten und mit einem Wellenknoten (zwei Knüpffäden und sechs Leitfäden) enden.

3. Aus den Fadenenden auf beiden Seiten je zwei Rundkordeln (aus je vier Fäden) in unterschiedlicher Länge fertigen. Auf jedes Kordelende eine Holzperle aufziehen und mit einem Überhandknoten abschließen.

Hair-Wrap

- *Je 2 Fäden Perlgarn, 2 m lang, in Gelb und Weiß*
- *1 Knopf „Kußmund" oder ähnliches*
- *Alleskleber*

Statt einem Kußmund können Sie auch einen Tennisschläger, einen Bleistift, eine Babyflasche o. ä. als Knopf anknüpfen.

1. Die beiden weißen Fäden zur Hälfte legen, so daß jetzt vier Knüpffäden vorliegen. Eine kleine Schlinge lassen und mit den gelben Fäden über die weißen Leitfäden einen Weberknoten ausführen (zweimal zwei gelbe Knüpf- und vier weiße Leitfäden), (siehe „Einhängung mit Weberknoten" auf dem Bogen).

2. 5 cm Rundkordel flechten. Einen Wellenknoten aus zwei Knüpffäden und sechs Leitfäden arbeiten.

3. Je fünf Schlingenknoten gegenseitig im Wechsel fertigen. Fadenanordnung: links zwei weiße Knüpffäden, in der Mitte zwei weiße und zwei gelbe Leitfäden und rechts zwei gelbe Knüpffäden (siehe „Schlingenknoten gegenseitig im Wechsel" auf dem Bogen).

4. 3 cm Rundkordel flechten.

5. Nebeneinander einen gelben und einen weißen Wellenknotenstrang, je 3 cm lang, knüpfen (je zwei Leit- und zwei Knüpffäden). Vier Weberknoten arbeiten. Sechs Schlingenknoten gegenseitig im Wechsel ausführen (siehe Punkt 3).

6. 5 cm Rundkordel flechten. Punkt 5 wiederholen. 4 cm Rundkordel flechten. Vier Schlingenknoten gegenseitig im Wechsel ausführen.

7. Alle Fäden durch den Knopf ziehen, die Fadenenden verknoten, an der Knopfrückseite ankleben und abschneiden.

Schwarz & Beige

Hair-Wrap

- *3 Fäden geflochtene Baumwollkordel, 2 m lang, in Beige*
- *2 schwarze Holzoliven, 25 mm lang*
- *6 schwarze Haarperlen (ø ca. 8 mm)*

1. Zwei Fäden zur Hälfte legen, so daß jetzt vier Knüpffäden vorliegen. Eine kleine Schlinge lassen und den dritten Faden mit einem Weberknoten anknüpfen (siehe „Einhängung mit Weberknoten" auf dem beiliegenden Bogen).

2. Vier Schlingenknoten gegenseitig im Wechsel über vier Leitfäden ausführen.

3. Einen Weberknoten knüpfen.

4. Vier Fäden durch eine Olive ziehen, die äußeren Fäden spannen und mit einem Weberknoten die Olive befestigen. Weitere fünf Weberknoten ausführen, dabei zwischen den einzelnen Knoten jeweils etwas Abstand lassen (zwei Knüpffäden und vier Leitfäden).

5. Acht Wellenknoten fertigen.

6. Sechs Weberknoten mit etwas Abstand zwischen den einzelnen Knoten ausführen.

7. Aus den rechten drei Fäden (zwei Knüpffäden und ein Leitfaden) sechs Weberknoten, jeweils mit etwas Abstand, knüpfen. Aus den linken drei Fäden einen gleich langen Wellenknotenstrang arbeiten. Beide Stränge mit einem Weberknoten (zwei Knüpffäden und vier Leitfäden) zusammenfassen.

8. Alle Fäden durch eine Haarperle ziehen, zehn Wellenknoten knüpfen, eine Haarperle aufziehen, zehn Wellenknoten arbeiten, eine Haarperle aufziehen und einen Weberknoten ausführen.

9. Punkt 7, 8 und 7 je einmal wiederholen.

10. Alle Fäden durch eine Olive ziehen und mit einem Überhandknoten fixieren.

11. Alle Fadenenden mit Kapuzinerknoten versehen.

Schlüsselanhänger

- *1 Schlüsselring*
- *4 Fäden geflochtene Baumwollkordel, 0,70 m lang, in Beige*
- *1 schwarze Holzolive, 25 mm lang*
- *8 schwarze Perlen*

1. Alle vier Fäden so durch den Ring ziehen, daß alle Fadenenden gleich lang sind.

2. Aus zweimal zwei Knüpffäden und vier Leitfäden einen Weberknoten ausführen. Aus je zwei Knüpffäden über zwei Leitfäden zwei nebeneinanderliegende Wellenknotenstränge aus je fünfzehn Knoten knüpfen.

3. Einen Weberknoten aus zweimal zwei Knüpffäden arbeiten, die beiden mittleren Fäden durch die Olive ziehen und beidseitig daneben je einen Wellenknotenstrang aus zwei Knüpffäden und einem Leitfaden fertigen. Unterhalb der Olive alle Fäden wieder mit einem Weberknoten aus zweimal zwei Knüpffäden über vier Leitfäden zusammenfassen.

4. Sämtliche Fadenenden nach 1 bis 2 cm mit Perlen versehen, die mit Überhandknoten gesichert werden.

Ohrringe

- *2 Ohrringbügel*
- *2 Spiralen, 5 mm lang*
- *6 Fäden geflochtene Baumwollkordel, 0,50 m lang, in Beige*
- *12 schwarze Perlen*

1. Drei Fäden so durch einen Ohrringbügel und eine Spirale ziehen, daß die Enden gleich lang sind.

2. Aus zwei Knüpffäden und einem Leitfaden zwei nebeneinanderliegende Wellenknotenstränge aus fünfzehn Knoten knüpfen.

3. Aus zweimal zwei Knüpffäden über zwei Leitfäden einen Weberknoten fertigen. Die Fadenenden nach ca. 1 bis 1,5 cm mit Perlen versehen und mit Überhandknoten sichern.

4. Den zweiten Ohrring genauso arbeiten.

Freundschaftsband mit Büffelhornröhrchen

- *3 Fäden gewachstes Textil- oder Lederband (ø 1 mm), 1 m lang, in Beige*
- *3 Fäden gewachstes Textil- oder Lederband (ø 1 mm), 0,33 m lang, in Dunkelbraun*
- *10 schwarze Büffelhornröhrchen oder Holzoliven, 13 mm lang*

Bei diesem Band sind zwei beigefarbene Fäden die Knüpffäden und die restlichen Fäden die Leitfäden.

1. Alle Fäden mit einem Überhandknoten zusammenfassen. Aus zwei beigefarbenen Knüpffäden und vier Leitfäden vier Weberknoten knüpfen, dabei zwischen den einzelnen Knoten immer etwas Abstand lassen (ca. 0,5 cm). Nochmals etwas Abstand lassen.

2. Zwei Weberknoten dicht untereinander ausführen. Jeweils mit dem äußeren beigefarbenen Faden als Knüpffaden über einen braunen Leitfaden vier Schlingenknoten gegenseitig ausführen (siehe „Schlingenknoten gegenseitig" auf dem beiliegenden Bogen). Die beiden mittleren Fäden durch eine Olive ziehen und zwei weitere Weberknoten knüpfen. Durch zwei Oliven je drei Fäden ziehen.

3. Punkt 2 dreimal wiederholen, jedoch bei der dritten Wiederholung die beiden Oliven weglassen.

4. Als Abschluß vier Weberknoten – mit etwas Abstand dazwischen – arbeiten und mit einem Überhandknoten enden.

Mit lila Perlen

Freundschaftsband

- *Je 3 Fäden Perlgarn, 1 m lang, in Lila und Weiß*
- *5 lila Holzperlen (ø 6 mm)*

1. Nach ca. 3 cm aus allen Fäden einen Überhandknoten ausführen. Mit einem weißen und einem lila Knüpffaden über vier Leitfäden ca. 3,5 cm Wellenknoten arbeiten. Aus den weißen Fäden und den lila Fäden je einen ca. 1,5 cm langen Strang flechten und mit einem Weberknoten die Fäden wieder zusammenfassen (je ein weißer und ein lila Knüpffaden und vier Leitfäden).

2. Die lila Fäden nach rechts und die weißen Fäden nach links legen. Über den rechten lila Faden als Leitfaden schräg zur Mitte zwei Rippenknoten ausführen. Mit den weißen Fäden über den linken Leitfaden ebenfalls zwei weiße Rippenknoten schräg zur Mitte knüpfen.

3. Jetzt über den gleichen weißen Leitfaden die drei lila Fäden mit Rippenknoten und über den linken lila Faden die zwei weißen Fäden mit Rippenknoten anknüpfen (schlingen Sie die Rippenknoten ausnahmsweise dreimal anstatt zweimal).

4. Auf die beiden mittleren Fäden (ein weißer und ein lila Faden) eine Holzperle aufziehen. Nun über die gleichen Leitfäden von außen zur Mitte hin je zwei weitere Rippenknoten ausführen, die Leitfäden überkreuzen (d. h., Sie knüpfen an einen Leitfaden den anderen mit an) und je zwei weitere Rippenknoten arbeiten. Jetzt befinden sich rechts wieder die drei lila Fäden und links die drei weißen Fäden.

Mit dem rechten lila Faden über die beiden danebenliegenden lila Leitfäden fünf Schlingenknoten gegenseitig knüpfen. Mit den weißen Fäden ebenso fünf Knoten ausführen.

5. Punkt 3 und 4 viermal wiederholen, jedoch bei der vierten Wiederholung die Schlingenknoten weglassen.

6. Aus je einem lila und einem weißen Knüpffaden über vier Leitfäden einen Weberknoten und 2,5 cm Wellenknoten fertigen (zum Knüpfen werden die beiden längsten Fäden verwendet), mit einem Überhandknoten abschließen.

Ohrringe

- *2 Ohrringbügel*
- *2 Spiralen, 5 mm lang*
- *Je 4 Fäden Perlgarn, 0,60 m lang, in Lila und Weiß*
- *16 kleine lila Holzperlen*

1. Zwei weiße und zwei lila Fäden so durch einen Ohrringbügel und eine Spirale ziehen, daß alle acht Fadenenden gleich lang sind.

2. Aus je einem lila und einem weißen Knüpffaden über sechs Leitfäden 2 cm Wellenknoten ausführen.

3. Nun aus je zwei farbgleichen Fäden 1 bis 1,5 cm Schlingenknoten knüpfen. Auf jedes Fadenende eine Holzperle ziehen und mit Überhandknoten sichern.

4. Den zweiten Ohrring ebenso arbeiten.

Hellblau mit schwarzen Perlen

Freundschaftsband

- *6 Fäden Perlgarn, 1,20 m lang, in Hellblau*
- *9 schwarze Wachsperlen (ø 6 mm)*

1. Mit allen Fäden einen Überhandknoten fertigen. Aus dreimal zwei Fäden ein 5 bis 6 cm langes Band flechten. Mit einem Weberknoten aus zweimal zwei Knüpffäden und zwei Leitfäden abschließen.

2. Die beiden mittleren Fäden durch eine Perle ziehen. Mit dem rechten Faden als Knüpffaden über den danebenliegenden Leitfaden vier Schlingenknoten gegenseitig knüpfen. Mit dem linken Knüpffaden über den danebenliegenden Leitfaden ebenfalls vier Schlingenknoten gegenseitig arbeiten.

3. Alle Fäden mit drei Weberknoten aus zwei Knüpffäden und vier Leitfäden zusammenfassen.

4. Punkt 2 und 3 achtmal wiederholen, jedoch bei der letzten Wiederholung die drei Weberknoten weglassen und nur einen Weberknoten aus zweimal zwei Knüpffäden und zwei Leitfäden knüpfen.

5. 5 bis 6 cm flechten (siehe Punkt 1) und mit einem Überhandknoten abschließen.

Achtung: Tauschen Sie zwischendurch die äußeren Fäden aus, und knüpfen Sie mit den langen (vorher mittleren) Fäden weiter.

Ohrringe

- *2 Ohrringbügel*
- *2 Spiralen, 5 mm lang*
- *6 Fäden Perlgarn, 0,60 m lang, in Hellblau*
- *4 schwarze Wachsperlen (ø 6 mm)*

1. Drei Fäden so durch einen Ohrringbügel und eine Spirale ziehen, daß alle sechs Enden gleich lang sind.

2. Einen Weberknoten aus zweimal zwei Knüpffäden über zwei Leitfäden arbeiten. Die beiden mittleren Fäden durch eine Perle ziehen und beidseitig je vier Schlingenknoten gegenseitig (innerer Faden = Leitfaden, äußerer Faden = Knüpffaden) knüpfen.

3. Alle Fäden mit drei bis vier Weberknoten zusammenfassen, die beiden mittleren Fäden durch eine Perle ziehen und beidseitig wieder je vier Schlingenknoten gegenseitig ausführen.

4. Mit einem Weberknoten aus zweimal zwei Knüpffäden über zwei Leitfäden abschließen. Aus je zwei Fäden 1,5 cm Kettknoten knüpfen, Enden mit Überhandknoten versehen.

5. Den zweiten Ohrring ebenso arbeiten.

Schlüsselanhänger

- *1 Schlüsselring*
- *1 Spirale, 5 mm lang*
- *4 Fäden Perlgarn, 0,70 m lang, in Hellblau*
- *3 schwarze Perlen (ø 6 mm)*

Der Schlüsselanhänger wird wie die Ohrringe gefertigt, jedoch werden vier Fäden durch die Perle gezogen. Außerdem wird Punkt 3 einmal wiederholt (vor Punkt 4).

Im Partnerlook mit Bello

Hundeleine

- *1 Karabinerhaken*
- *3 Fäden geflochtene Synthetikschnur (ø ca. 3 mm), 10 m lang, in Weiß*

1. Alle drei Fäden so durch den Ring des Karabiners ziehen, daß alle sechs Fadenenden gleich lang sind.

2. Aus zwei Knüpffäden über vier Leitfäden ca. 55 cm Wellenknoten knüpfen. Die Fadenenden austauschen, d. h., die kurzen Fäden in die Mitte nehmen und mit zwei langen Fäden weiterknüpfen.

3. Einen Weberknoten fertigen, etwas Abstand lassen und drei weitere Weberknoten mit Abstand arbeiten.

4. Zwanzig Wellenknoten knüpfen.

5. Muster zwischen Wellen- und Weberknoten (Punkt 3 und 4) bis zu einer Länge von ca. 1,40 m abwechseln. Dazwischen nochmals die Fäden austauschen.

6. Fäden 5 cm spannen. Fünf dichte Weberknoten ausführen, Abstand halten, einen Weberknoten arbeiten, Abstand halten, einen Weberknoten fertigen, Abstand halten. Dieses Muster fünfmal wiederholen, fünf dichte Weberknoten fertigen. Band zu einer Schlinge legen und auf den gespannten Fäden aus zwei Knüpffäden über zehn Leitfäden fünf Weberknoten knüpfen. Aus je drei Fäden zwei weitere Weberknoten arbeiten und mit Überhandknoten enden.

Freundschaftsband

- *2 Fäden geflochtene Synthetikschnur (ø 3 mm), 1 m lang*
- *1 Scheibe (ø 2,5 cm, eventuell Lapislazuli)*

1. Einen Faden zur Hälfte legen, eine kleine Schlinge bilden und mit dem zweiten Faden einen Weberknoten anknüpfen. Dicht darunter zwei weitere Weberknoten ausführen. Es folgen vier Weberknoten, jeweils mit einem kleinen Abstand dazwischen.

2. Einen Leitfaden vor die Scheibe legen und durch das Loch nach hinten ziehen. Den anderen Faden hinter die Scheibe legen und durch das Loch nach vorne ziehen.

3. Es folgen sechs weitere Weberknoten, jeweils mit etwas Abstand dazwischen.

4. 8 cm Rundkordel flechten und mit einem Überhandknoten abschließen.

Black & White

Freundschaftsband

- *Je 4 Fäden Perlgarn, 1 m lang, in Schwarz und Weiß*

1. Alle Fäden nach ca. 12 cm mit einem Überhandknoten zusammenfassen.

2. Die Fäden so verteilen, daß rechts die weißen und links die schwarzen Fäden liegen.

3. Die beiden mittleren Fäden überkreuzen und einen Rippenknoten arbeiten. Diese beiden Fäden sind nun die Leitfäden für je eine Rippenknotenreihe schräg nach außen (über den weißen Leitfaden drei weiße Rippenknoten, über den schwarzen Leitfaden drei schwarze Rippenknoten) knüpfen. Eine zweite Reihe von der Mitte schräg nach außen direkt darunter knüpfen.

4. Jeweils aus zwei Knüpffäden und zwei Leitfäden sechs Weberknoten ausführen. Von der Mitte schräg nach außen jeweils zwei weitere Rippenknotenreihen fertigen.

5. Nun wird das weiße Band auf dem schwarzen gekreuzt.

6. Die beiden mittleren Fäden miteinander verschlingen und von der Mitte nach außen wieder zwei Rippenknotenreihen knüpfen.

7. Punkt 4 wiederholen. Nun den schwarzen Weberknotenstrang auf den weißen legen und ab Punkt 6 weiterarbeiten.

8. Punkt 4, 5, 6, 7 und 4 je einmal wiederholen.

9. Den Überhandknoten von Punkt 1 lösen. Auf jeder Seite 5 bis 6 cm Rundkordel flechten und mit Überhandknoten abschließen.

Hair-Wrap

- *Je 3 Fäden Perlgarn, 2 m lang, in Schwarz und Weiß*
- *4 schwarze Holzperlen*
- *2 schwarze Holzanhänger*
- *2 weiße Holzanhänger*

1. Die drei weißen und zwei schwarzen Fäden zur Hälfte legen, so daß zehn Knüpffäden vorliegen. Eine kleine Schlinge lassen und den dritten schwarzen Faden über die zehn Leitfäden mit einem Weberknoten anknüpfen.

2. Aus zwei schwarzen Knüpffäden über zehn Leitfäden fünfzehn Wellenknoten, dann aus zwei weißen Knüpffäden fünfzehn Wellenknoten und wiederum aus zwei schwarzen Knüpffäden fünfzehn Wellenknoten ausführen.

3. Aus den sechs linken, weißen Fäden sechs Weberknoten (zwei Knüpffäden und vier Leitfäden) und daneben aus den sechs rechten, schwarzen Fäden ebenfalls sechs Weberknoten arbeiten. Nun werden die beiden mittleren Fäden miteinander verschlungen und wieder je sechs Weberknoten geknüpft. Jetzt wird der schwarze Strang auf den weißen gelegt, die beiden mittleren Fäden werden wieder miteinander verschlungen, dann werden je sechs weitere Weberknoten gefertigt. Nun befindet sich das schwarze Band links und das weiße rechts.

(Fortsetzung Seite 32)

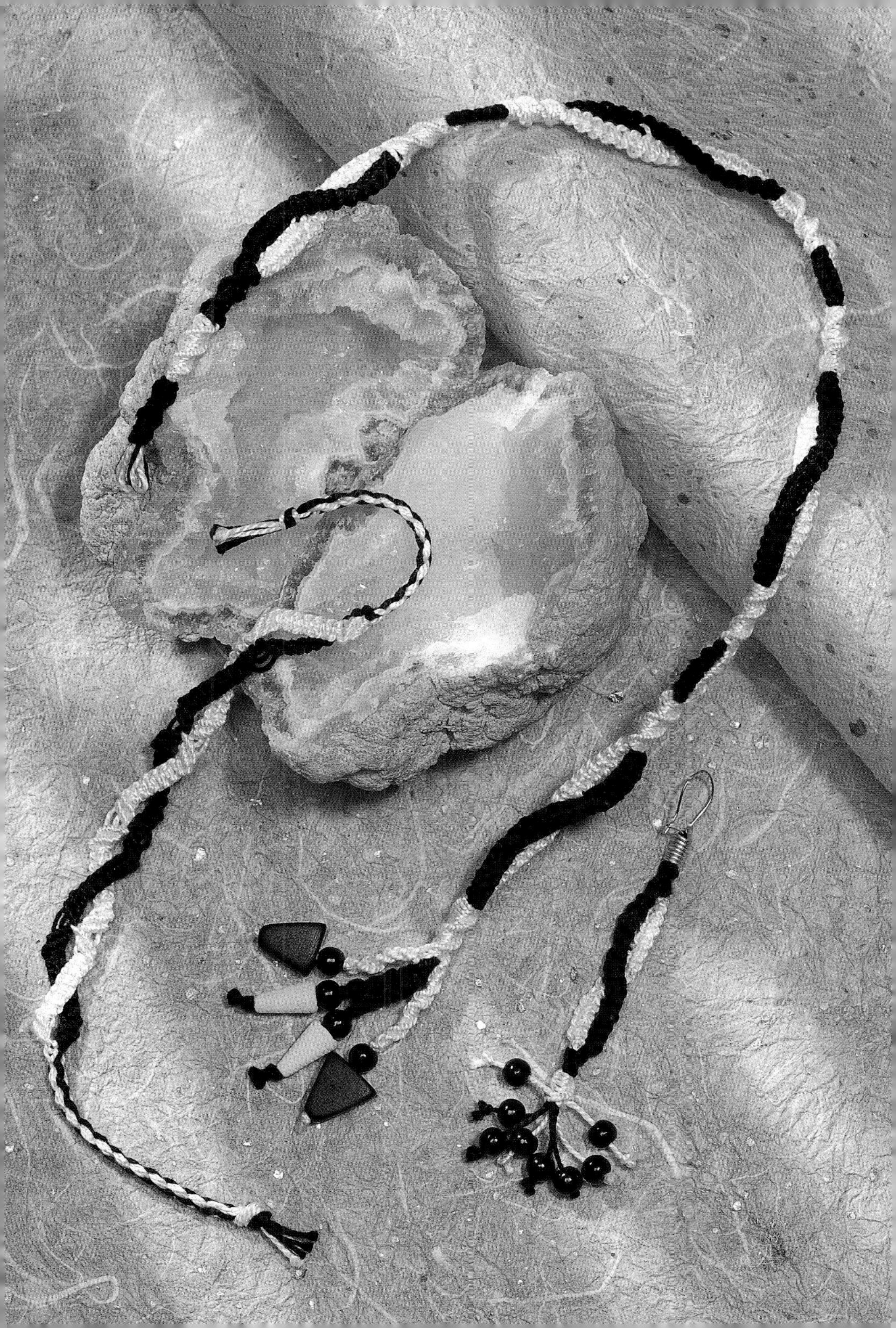

4. Aus zwei weißen Knüpffäden über zehn Leitfäden fünfzehn Wellenknoten ausführen.

5. Aus je einem Knüpffaden über fünf farbgleiche Leitfäden fünf Schlingenknoten gegenseitig fertigen.

6. Punkt 4, 3, 4, 5, 4, 3, 4, 5, 4, 3 und 4 je einmal wiederholen.

7. Aus je drei farbgleichen Fäden 3 cm Wellenknoten ausführen, eine Perle und einen Holzanhänger aufziehen und mit Überhandknoten fixieren.

Ohrring

- *1 Ohrringbügel*
- *1 Spirale, 5 mm lang*
- *Je 2 Fäden Perlgarn, 0,60 m lang, in Schwarz und Weiß*
- *8 kleine schwarze Holzperlen*

1. Sämtliche Fäden so durch den Ohrringbügel und die Spirale ziehen, daß alle acht Fadenenden gleich lang sind.

2. Aus zwei schwarzen Knüpffäden über sechs Leitfäden zehn Wellenknoten ausführen.

3. Punkt 3 des Hair-Wraps einmal ausführen, jedoch liegt der schwarze Strang links und der weiße rechts.

4. Mit je fünf schwarzen und fünf weißen Wellenknoten abschließen.

5. Auf jedes Fadenende mit etwas Abstand eine Perle aufziehen und mit zwei aufeinandergeknüpften Überhandknoten sichern.